Impressum
Verlag: BABADADA GmbH, Nedderfeld 112 , 22529 Hamburg
Geschäftsführer / Verlagsleitung: Harald Hof
Druck: Books on Demand GmbH, In de Tarpen 42, 22848 Norderstedt

Imprint
Publisher: BABADADA GmbH, Nedderfeld 112 , 22529 Hamburg, Germany
Managing Director / Publishing direction: Harald Hof
Print: Books on Demand GmbH, In de Tarpen 42, 22848 Norderstedt

shule

դպրոց

sajili
մատյան
kugawanya
բաժանել
186/2
ubao
գրատախտակ
խաղադաշտ
mwalimu
ուսուցիչ
karatasi
թուղթ
kuandika
գրել
kalamu
գրիչ
dawati
գրասեղան
rula
քանոն
kitabu
գիրք
mwanafunzi
աշակերտ

mkoba

պայուսակ

kikasha cha penseli

գրչատուփ

penseli

մատիտ

kichonga penseli

մատիտի սրիչ

mpira

ռետին

pedi ya kuchora

Նկարչական ալբոմ

uchoraji

նկարչություն

brashi ya rangi

վրձին

sanduku la rangi

ներկերի տուփ

mkasi

մկրատ

gundi

սոսինձ

daftari

տետր

kazi ya nyumbani

Տնային աշխատանք

12

nambari

թիվ

2+2

jumlisha

գումարել

5-2

ondoa

հանել

2×2

zidisha

բազմապատկել

kokotoa

հաշվել

A

barua

տառ

ABCDEFG
HIJKLMN
OPQRSTU
VWXYZ

alfabeti

այբուբեն

neno

բառ

maandishi

տեքստ

kusoma

կարդալ

chaki

կավիճ

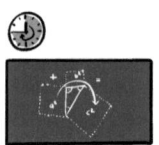

somo

դաս

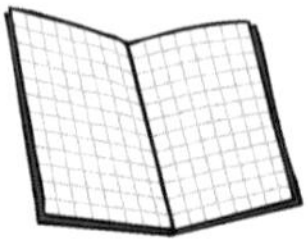

sajili

մատյան

uchunguzi

քննություն

cheti

վկայական

sare za shule

դպրոցական համազգեստ

elimu

կրթություն

elezo

հանրագիտարան

chuo kikuu

համալսարան

darubini

մանրադիտակ

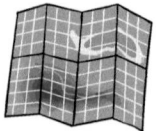

ramani

քարտեզ

kikapu cha kuweka karatasi chafu

աղբարկղ

hoteli
հյուրանոց

Grand

hosteli
հանրակացարա
ն

ROOMS

ofisi ya ubadilishanaji
փոխանակման կետ

CHANGE

sanduku
ճամպրուկ

gari
ավտոմեքենա

lugha
լեզու

ndiyo / la
այո / ոչ

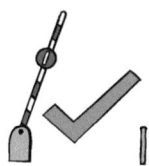

sawa
Լավ

hujambo
ողջույն

mtafsiri
թարգմանիչ

Asante
Շնորհակալություն

kiasi gani ni ...?

Որքա՞ն է ...?

Sielewi

Ես չեմ հասկանում

tatizo

խնդիր

Jioni njema!

Բարի երեկո

Habari za asubuhi!

Բարի լույս

Usiku mwema!

Բարի երեկո

kwa heri

ցտեսություն

mwelekeo

ուղղություն

mizigo

ուղղեբեռ

mfuko

պայուսակ

shanta

մեջքի պայուսակ

mgeni

հյուր

chumba

սենյակ

begi la kulalia

քնապարկ

hema

վրան

taarifa ya utalii

Զբոսաշրջության տեղեկատվական

ufuo

լողափ

kadi

ԿՐԵԴԻՏ քարտ

kifunguakinywa

նախաճաշ

chakula cha mchana

լանչ

chakula cha jioni

ճաշ

tiketi

տոմս

kuinua

վերելակ

muhuri

կնիք

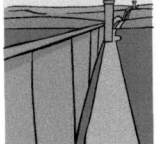

mpaka

սահման

mila

մաքսային

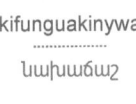

ubalozi

դեսպանություն

visa

մուտքի արտոնագիր

pasipoti

անձնագիր

usafiri

Փոխադրամիջոցներ

ndege
ինքնաթիռ
meli
նավ
injini ya moto
հրշեջ մեքենա
lori
բեռնատար մեքենա
basi
ավտոբուս
motaboti
մոտորանավակ
baiskeli
հեծանիվ
gari
ավտոմեքենա

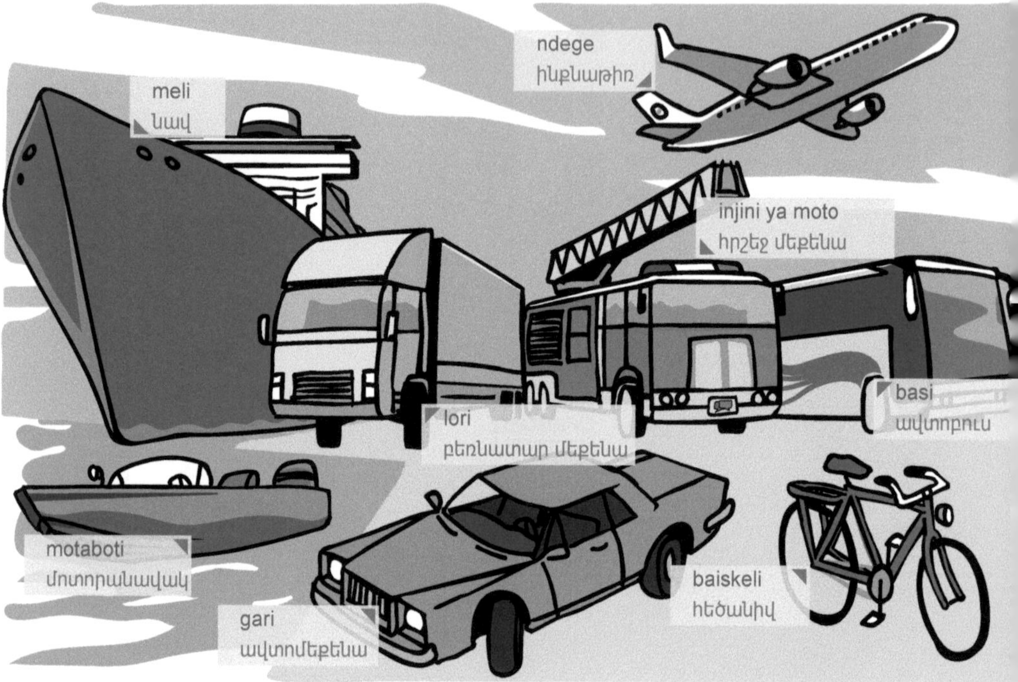

feri

լաստանավ

mashua

նավակ

pikipiki

մոտոցիկլ

gari la polisi

ոստիկանության մեքենա

gari la mashindano

մրցարշավային մեքենա

gari la kukodisha

վարձակալվող մեքենա

kushiriki gari

մեքենայի վարձակալում

lori la kuvuta

էվակուատոր

ukusanyaji taka

աղբահանության մեքենա

motor

շարժիչ

mafuta

վառելիք

kituo cha mafuta

բենզալցակայան

ishara trafiki

երթևեկության նշան

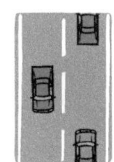

trafiki

երթևեկություն

msongamano

խցանում

maegesho

ավտոկանգառ

kituo cha treni

երկաթուղային կայարան

reli

երկաթուղագիծ

garimoshi

գնացք

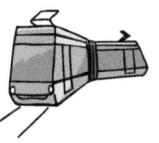

tremu

տրամվայ

gari la mizigo

վագոն

helikopta

ուղղաթիռ

uwanja wa ndege

օդանավակայան

mnara

աշտարակ

abiria

ուղեւոր

chombo

աման

katoni

խավաքարտ

mkokoteni

սայլ

kikapu

զամբյուղ

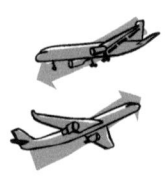

ondoka

հանեք / հողատարածք

jiji
քաղաք

kijiji

գյուղ

katikati ya jiji

քաղաքի կենտրոնում

nyumba

տուն

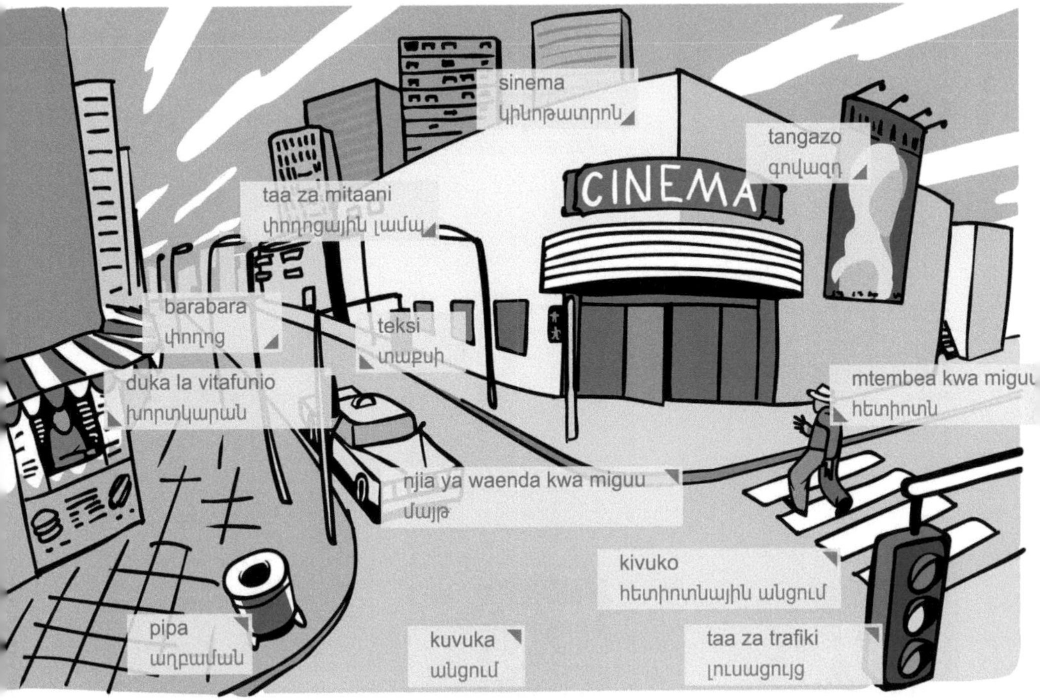

sinema
կինոթատրոն
tangazo
գովազդ
CINEMA
taa za mitaani
փողոցային լամպ
barabara
փողոց
teksi
տաքսի
duka la vitafunio
խորտկարան
mtembea kwa migu
հետիոտն
njia ya waenda kwa miguu
մայթ
kivuko
հետիոտնային անցում
pipa
աղբաման
kuvuka
անցում
taa za trafiki
լուսացույց

kibanda

խրճիթ

gorofa

բնակարան

kituo cha treni

երկաթուղային կայարան

ukumbi wa mji

քաղաքապետարան

Makavazi

թանգարան

shule

դպրոց

chuo kikuu

համալսարան

benki

բանկ

hospitali

հիվանդանոց

hoteli

հյուրանոց

duka la dawa

դեղատուն

ofisi

գրասենյակ

duka la kitabu

գրքույկ խանութ

duka

խանութ

duka la maua

ծաղկի խանութ

dukakuu

սուպերմարկետ

soko

շուկա

idara ya kuhifadhi

հանրախանութ

mwuza samaki

ձկան խանութ

kituo cha ununuzi

առևտրի կենտրոն

bandari

նավահանգիստ

Hifadhi

զբոսայգի

benki

բանկերը

daraja

կամուրջ

vidato

աստիճաններ

chini ya ardhi

մետրո

handaki

թունել

kituo cha mabasi

ավտոբուսի կանգառ

bar

բար

mgahawa

ռեստորան

sanduku la posta

փոստարկղ

ishara ya barabara

փողոցային նշան

mita ya maegesho

ավտոկայանման հաշվիչ

bustani ya wanyama

կենդանաբանական այգի

kidimbwi cha kuogelea

լողավազան

msikiti

մզկիթ

shamba

ֆերմա

uchafuzi

աղտոտման

makaburini

գերեզմանոց

kanisa

եկեղեցի

uwanja wa michezo

խաղահրապարակ

hekalu

տաճար

mazingira
բնապատկեր

jani
փետղ

ishara ya mwelekeo
ուղղության նշան

njia
ճանապարհ

malisho
մարգագետին

jiwe
քար

mti
ծառ

mtembeaji wa masafa
արշավականներ

mto
գետ

nyasi
խոտ

ua
ծաղիկ

bonde

հովիտ

kilima

բլուր

ziwa

լիճ

msitu

անտառ

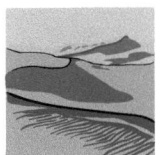

jangwa

անապատ

volkano

հրաբուխ

ngome

ամրոց

upinde wa mvua

ծիածան

uyoga

սունկ

mtende

արմավենու ծառ

mbu

մժեղ

kuruka

թռչել

chungu

մրջյուն

nyuki

մեղու

buibui

սարդ

mende

բզեզ

chura

գորտ

kuchakuro

սկյուռ

nungunungu

ոզնի

sungura

նապաստակ

bundi

բու

ndege

թռչուն

swan

կարապ

nguruwe mwitu

վարազ

kulungu

եղջերու

aina ya kongoni

իշայծյամ

bwawa

պատնեշ

tabo ya upepo

քամին տուրբինների

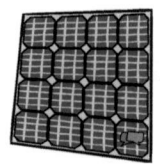

nishaji ya jua

արեւային վահանակ

hali ya hewa

կլիմա

mgahawa

ռեստորան

mhudumu
մատուցող
menyu
մենյու
kiti
աթոռ
supu
ապուր
piza
պիցցա
vilia
սպասք
kitambaa cha mezani
սփռոց

kiamsha hamu

ստարտեր

kozi kuu

հիմնական կերակուր

kitindamlo

դեսերտ

vinywaji

օրական

chakula

սնունդ

chupa

շիշ

chakula cha haraka

արագ սնունդ

Streetfood

streetfood

buli

թեյնիկ

kisanduku cha sukari

շաքարաման

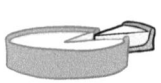

sehemu

բաժին

mashine ya espresso

էսպրեսսո մեքենա

kiti kirefu

մանկական աթոռ

muswada

օրինագիծ

trei

սկուտեղ

kisu

դանակ

uma

պատառաքաղ

kijiko

գդալ

kijiko cha chai

թեյի գդալ

nepi

անձեռոցիկ

glasi

ապակի

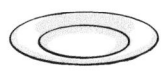

sahani

ափսե

sahani ya supu

խոր ափսե

sufuria

պնակ

mchuzi

սոուս

kichanyaji chumvi

աղաման

kinu cha pilipili

պղպեղի աղաց

siki

քացախ

mafuta

ձեթ

viungo

համեմունքներ

kechapu

կետչուպ

haradali

մանանեխ

kachumbari nzito

մայոնեզ

dukakuu
սուպերմարկետ

ofa maalum
հատուկ առաջարկ
mteja
հաճախորդ
maziwa
Dairy
matunda
միրգ
toroli
գնումների սայլակ

mchinjaji

մսամթերքի խանութ

mwokaji

հացամթերքի խանութ

uzito

կշռել

mboga

բանջարեղեն

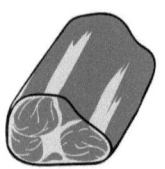

nyama

միս

chakula waliohifadhiwa

սառեցված սննդամթերքի

vipande vya nyama baridi

երշիկեղեն

chakula cha kopo

պահածոների

sabuni ya unga

լվացքի փոշի

pipi

քաղցրավենիք

bidhaa za kaya

տնտեսական ապրանքներ

bidhaa za kusafisha

մաքրող միջոցներ

mtu mauzo

վաճառող

mpaka

դրամարկղ

keshia

գանձապահ

orodha ya manunuzi

գնումների ցուցակ

masaa ya ufunguzi

ժամերը

mkoba

դրամապանակ

kadi

ԿՐԵԴԻՏ քարտ

mfuko

պայուսակ

mfuko wa plastiki

պլաստիկ տոպրակ

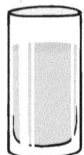

maji

ջուր

sharubati

հյութ

maziwa

կաթ

coke

կոլա

mvinyo

գինի

bia

գարեջուր

pombe

սպիրտ

kakao

կակաո

chai

թեյ

kahawa

սուրճ

spreso

էսպրեսսո

kapuchino

կապուչինո

ndizi

բանան

tufaha

խնձոր

machungwa

նարնջի

tikiti

սեխ

lemon

կիտրոն

karoti

գազար

kitunguu saumu

սխտոր

mianzi

բամբուկ

kitunguu

սոխ

uyoga

սունկ

karanga

ընկուզեղեն

nudo

արիշտա

spageti

սպագետտի

mpunga

բրինձ

saladi

աղցան

vibanzi

չիպս

viazi vya kukaanga

տապակած կարտոֆիլ

piza

պիցցա

hambaga

համբուրգեր

sandwichi

սենդվիչ

kipande

կոտլետ

paja la mnyama

խոզապուխտ

salami

սալյամի

soseji

երշիկ

kuku

հավ

choma

խորոված

samaki

ձուկ

oats ya uji

վարսակի փաթիլներ

muesli

մյուսլի

cornflakes

եգիպտացորենի փաթիլներ

unga

ալյուր

kroisanti

կրուասան

andazi

բուլկի

mkate

հաց

mkate wa kubanika

տոստ

biskuti

թխվածքաբլիթներ

siagi

կարագ

maziwa mgando

կաթնաշոռ

keki

տորթ

yai

ձու

yai kukaanga

տապակած ձու

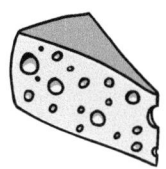

jibini

պանիր

aiskrimu

պաղպաղակ

sukari

շաքար

asali

մեղր

jemu

ջեմ

kuenea kwa chokoleti

նուգա սերուցք

mchuzi wa viungo

կարրի

shamba
ֆերմա

nyumba ya kilimo
ֆերմային տնակ
majani bale
ծղոտի դեզ
ghalani
գոմ
uwanja
դաշտ
farasi
ձի
trela
կցասայլ
trekta
տրակտոր
mtoto
քուռակ
punda
ավանակ
kondoo
ոչխար
mwanakondoo
գառ

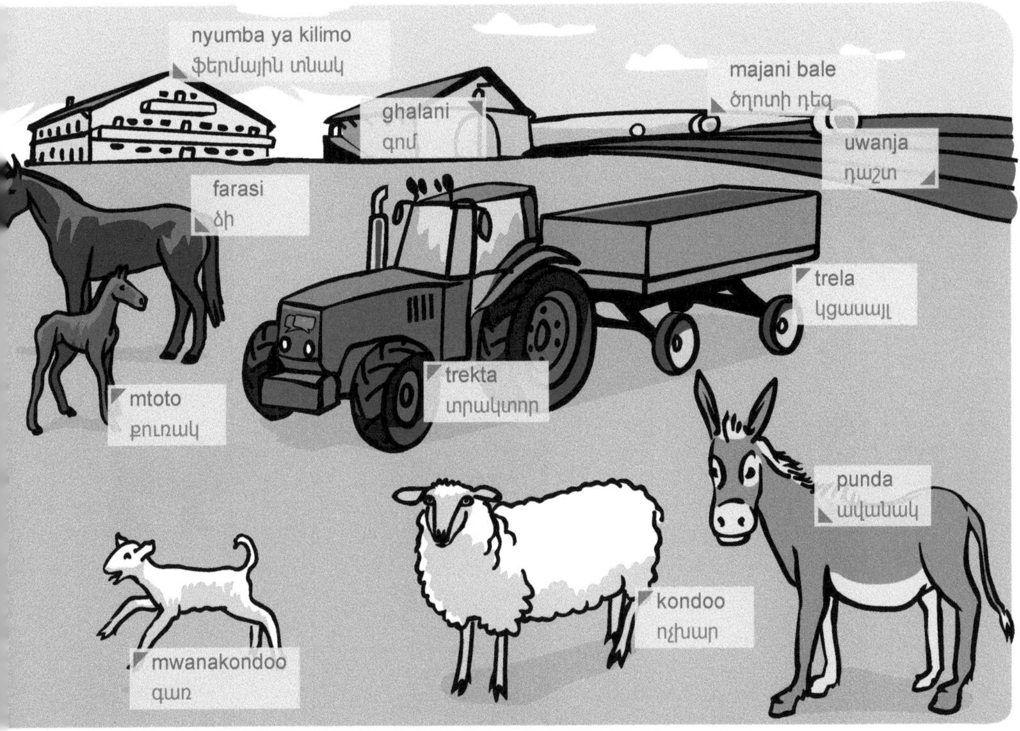

mbuzi

այծ

ng'ombe

կով

ndama

հորթ

nguruwe

խոզ

mwananguruwe

խոճկոր

fahali

ցուլ

batabukini

սագ

bata

բադ

kifaranga

ճուտ

kuku

հավ

jogoo

աքլոր

panya

առնետ

paka

կատու

panya

մուկ

ng'ombe

ցուլ

mbwa

շուն

nyumba ya mbwa

շան բուն

bomba la bustani

այգու փողրակ

debe la kumwagilia maji

watering կարող է

fyekeo

գերանդի

kulima

գութան

mundu

մանգաղ

jembe

թոխր

uma wa nyasi

եղան

shoka

կացին

toroli

միանիվ ձեռնասայլակ

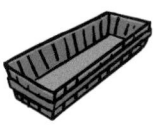

kupitia nyimbo

կերակրատաշտ

chombo cha maziwa

կաթի բիդոն

gunia

պարկ

ua

ցանկապատ

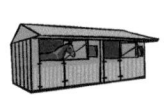

imara

կայուն

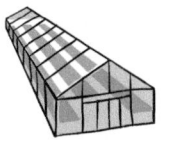

chafu

ջերմոց

udongo

հող

mbegu

սերմ

mbolea

պարարտանյութ

kivunaji

բերքահավաք կոմբայն

mavuno

բերք

mavuno

բերք

viazi vikuu

յամս

ngano

ցորեն

soya

սոյա

viazi

կարտոֆիլ

mahindi

եգիպտացորեն

rapa

rapeseed

mti wa matunda

մրգային ծառ

muhogo

manioc

nafaka

շիլաներ

nyumba
տուն

chimni
ծխնելույզ
paa
տանիք
bomba la maji ya mvua
ջրհորդան խողովակ
dirisha
պատուհան
gareji
ավտոտնակ
kengele ya mlangoni
դռան զանգ
mlango
դուռ
pipa la taka
աղբարկղ
sanduku la barua
փոստարկղ
bustani
պարտեզ

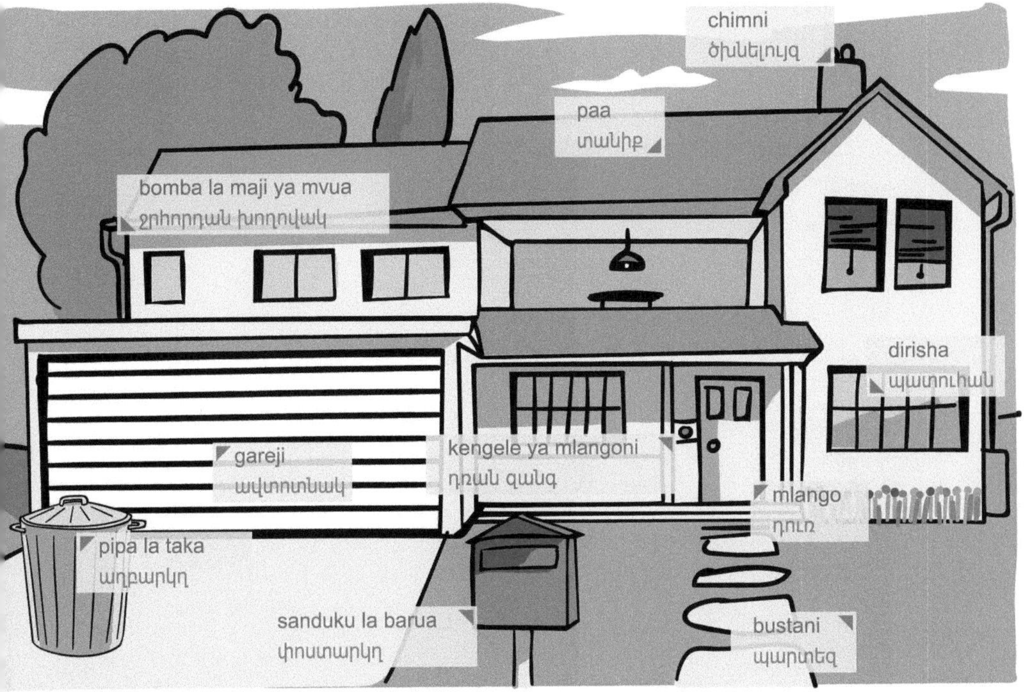

sebuleni

հյուրասենյակ

bafu

լողասենյակ

jikoni

խոհանոց

chumba cha kulala

ննջարան

chumba ya mtoto

մանկական սենյակ

chumba cha kulia

ճաշասենյակ

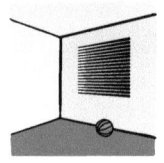

sakafu

հարկ

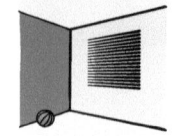

ukuta

պատ

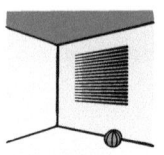

dari

առաստաղ

pishi

նկուղ

sauna

շոգեբաղնիք

roshani

պատշգամբ

mtaro

պատշգամբ

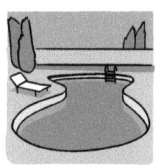

kidimbwi

ավազան

mashine ya kukata nyasi

խոտհնձիչ

karatasi

թերթ

kitambaa cha kupamba kitanda

անկողնու ծածկոց

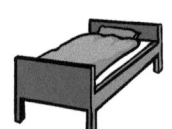

kitanda

մահճակալ

ufagio

ավել

ndoo

դույլ

kubadili

անջատիչ

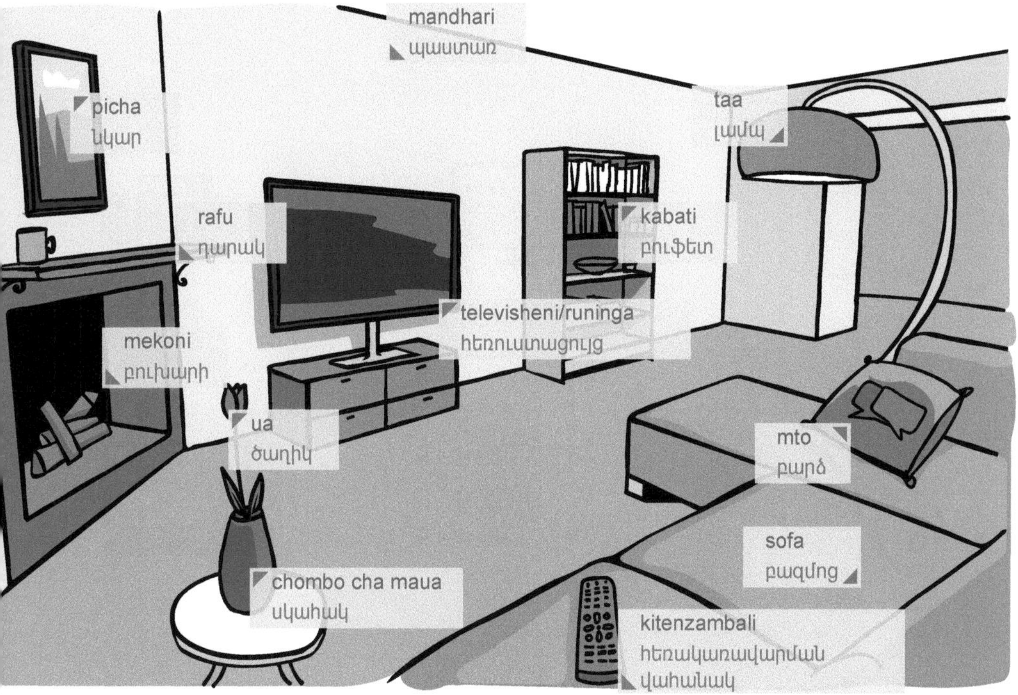

mandhari
picha
նկար
taa
լամպ
rafu
դարակ
kabati
բուֆետ
televisheni/runinga
հեռուստացույց
mekoni
բուխարի
ua
ծաղիկ
mto
բարձ
sofa
բազմոց
chombo cha maua
սկահակ
kitenzambali
հեռակառավարման
վահանակ

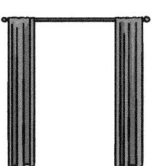

zulia

գորգ

pazia

վարագույր

meza

սեղան

kiti

աթոռ

kiti cha bembea

ճոճվող բազկաթոռ

armchair

բազկաթոռ

kitabu

գիրք

blanketi

վերմակ

mapambo

զարդարանք

kuni

վառելափայտ

filamu

ֆիլմ

kifaa cha hi-fi

hi-fi

ufunguo

բանալի

gazeti

թերթ

uchoraji

նկար

bango

պլակատ

redio

ռադիո

daftari

տետր

kifyonza

փոշեկուլ

dungusi kakati

կակտուս

mshumaa

մոմ

jikoni
խոհանոց

jokofu
սառնարանի
kikanza
միկրոալիքային վառարան
wadogo jikoni
խոհանոցի կշեռք
kibaniko
տոստեր
sabuni
լվացող հեղուկ
stovu
վառարան
friza
սառնարան
pipa la taka
աղբարկղ
mashine ya kuoshea vyombo
աման լվացող սարք

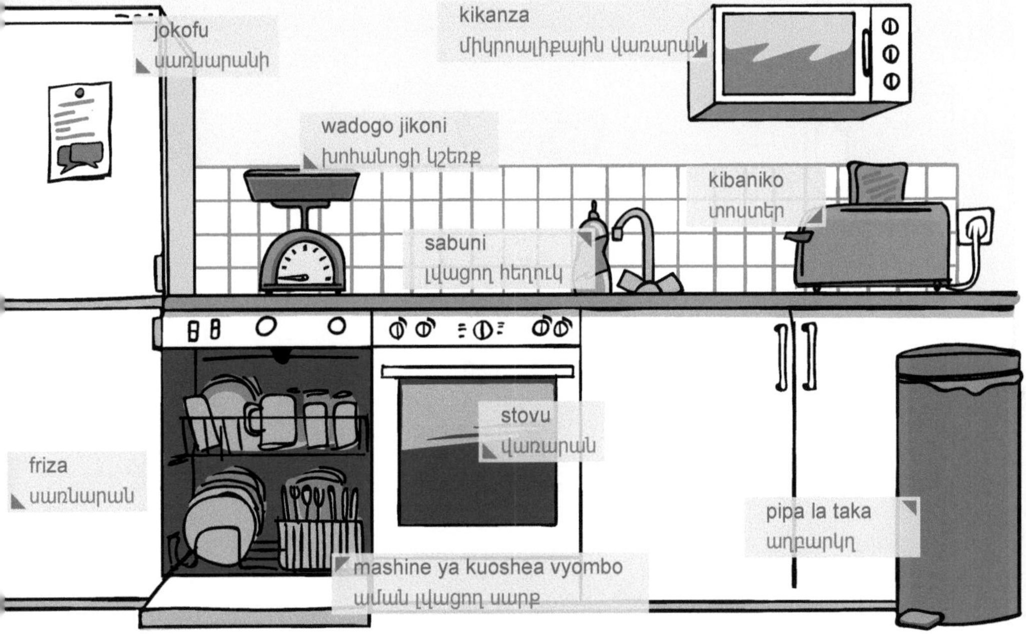

jiko la kupika

կաթսա

chungu

կճուճ

sufuria ya chuma

թուջե աման

wok / kadai

wok / kadai

kaango

թավա

birika

թեյնիկ

stima

շոգենավ

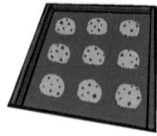

sinia ya kuoka

ջեռոցի սկուտեղ

vyombo vya udongo

ամանեղեն

kombe

բաժակ

bakuli

խորը աման

vijiti vya kulia

փայտիկներ

ukawa

շերեփ

mwiko mpana

խոհանոցային բահիկ

burashi

հարել

kichujio

քամիչ

chujio

մաղ

mbuzi

քերիչ

chokaa

հավանգ

barbeque

խորոված

moto wazi

բաց կրակի

ubao wa majaribio

տախտակ

kijiti cha kusukuma unga

գրտնակ

kizibuo

խցանահան

kopo

բանկա

inaweza kopo

բացիչ

kishikio cha chungu

խոհանոցային բռնիչ

karo

լվացարան

brashi

խոզանակ

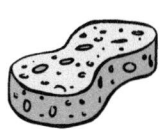

sifongo

սպունգ

kisagaji matunda

բլենդեր

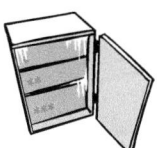

friji ya kina

սառնարան

chupa ya mtoto

մանկական շիշ

bomba

թակել

bafu

լողասենյակ

joto
ջեռուցում
taulo
սրբիչ
mfereji wa kuogea
ցնցուղ
pazia la kuogea
լոգարանի վարագույր
maji ya kuoga yenye povu
փրփուրով վաննա
hodhi
լոգարան
glasi
ապակի
mashine ya kuosha
լվացքի մեքենա
vigae
սալիկներ
bomba
թակել
poti
մանր
karo
լվացարան

choo

զուգարան

choo cha squat

կզելը զուգարան

beseni la mviringo

բիդե

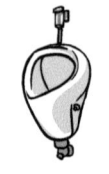

choo cha umma

pissoir

shashi

զուգարանի թուղթ

brashi ya choo

զուգարանի խոզանակ

mswaki

ատամի խոզանակ

dawa ya meno

ատամի քսուք

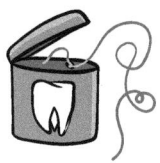

dawa ya meno

ատամի թել

safisha

լվանալ

kuoga mkono

ձեռքի ցնցուղ

msukumo wa maji

ցնցուղ

bonde

ավազան

mpako wa pili

մեջքի խոզանակ

sabuni

օճառ

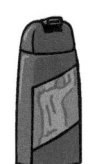

jeli ya kuogea

լոգանքի գել

shampuu

շամպուն

flana

ճիլոպ

toa maji

հատականցք

krimu

կրեմ

kiondoa harufu

դեզոդորանտ

kioo

հայելի

kioo mkono

ձեռքի հայելի

kinyozi

սափրիչ

povu la kunyoa

Սափրվելու փրփուր

baada ya kunyoa

սափրվելուց հետո քսվող լոսյոն

kichana

սանր

brashi

խոզանակ

kikausha nywele

մազերի չորացուցիչ

marashi ya nyewele

մազի լաք

vipodozi

դիմահարդարում

kidomwa

շրթնաներկ

varnish ya msumari

եղունգների լաք

pamba

բամբակ

mkasi wa kucha

եղունգների մկրատ

manukato

օծանելիք

mkoba wa kuosha

դիմահարդարման
պայուսակ

kinyesi

աթոռակ

mizani

կշեռք

nguo ya kuoga

լողանալու խալաթ

glavu za mpira

ռետինե ձեռնոցներ

kisodo

տամպոն

sodo

սանիտարական սրբիչ

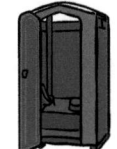

kemikali choo

քիմիական զուգարան

chumba ya mtoto

մանկական սենյակ

saa ya kengele
զարթուցիչ ժամացույց
kidoli cha kupakata
փափուկ խաղալիք
gari bandia
խաղալիք մեքենա
kelele
բլբլալ
chumba cha midoli
տիկնիկների տնակ
sasa

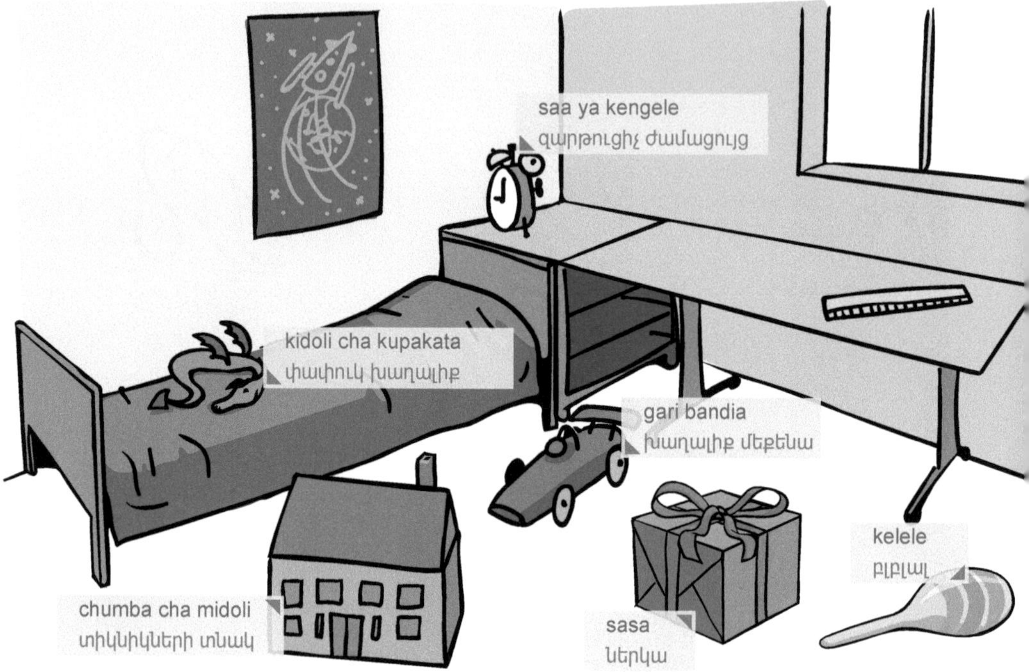

baluni

փուչիկ

kitanda

մահճակալ

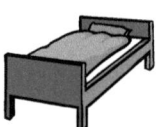

mashua

մանկական սայլակ

staha ya kadi

խաղաթղթեր

mchezo-fumb

խճապատկեր

vichekesho

կոմիքս

matofali lego

Լեգո կուբիկներ

vitalu mwigo

կառուցողական
խաղալիքներ

hatua takwimu

ակցիան գործիչ

suti ya kulalia

մանկական բոդի

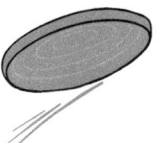

kisahani

Frisbee

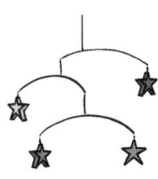

simu

շարժական

ubao wa michezo

խաղատախտակ

kete

զառախաղ

garimoshi mwigo

գնացքների կազմ

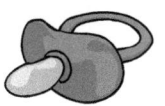

dummy

ծծակ

chama

կուսակցություն

picha kitabu

մանկական
պատկերազարդ գիրք

mpira

գնդակ

kikaragosi

տիկնիկ

kucheza

խաղալ

shimo la mchanga

ավազե խաղահրապարակի

bembea

ռիթմ

vitu bandia

խաղալիքներ

kiweko cha video ya mchezo

վիդեո խաղ մխիթարել

baiskeli ya magurudumu

եռանիվ հեծանիվ

matatu

mwanasesere

խաղալիք արջուկ

kabati

պահարան

nguo

հագուստ

soksi

կիսագուլպա

stokingi

գուլպա

kibano

զուգագուլպա

skafu
շարֆ

mwavuli
հովանոց

fulana
շապիկ

ukanda
գոտի

viatu
կոշիկ

ndara
հողաթափեր

wakufunzi
սպորտային կոշիկներ

malapa
սանդալներ

viatu
կոշիկ

mabuti ya mpira
ռետինե կոշիկներ

suruali ya ndani
վարտիք

sidiria
կրծկալ

fulana
մայկա

mwili

մարմին

suruali

անդրավարտիք

dangirizi

ջինս

sketi

կիսաշրջազգեստ

blauzi

բլուզ

shati

վերնաշապիկ

vuta

պուլովեր

sweta

սպորտային կուրտկա

bleza

պիջակ

jaketi

կուրտկա

koti

վերարկու

koti la mvua

անձրևանոց

maleba

կանացի կոստյում

gauni

զգեստ

mavazi ya harusi

հարսանյաց զգեստ

suti

տղամարդու կոստյում

vazi la usiku

գիշերանոց

pajama

պիժամա

sari

Սարի

skafu

գլխաշորն

kilemba

չալմա

burka

չադրա

kaftan

արևելյան խալաթ

abaya

հաստ վերարկու

vazi la kuogelea

կանացի լողազգեստ

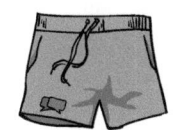

vazi la kiume la kuogelea

տղամարդու լողազգեստ

kaptura

շորտ

teitei

սպորտային համազգեստ

aproni

գոգնոց

glavu

ձեռնոցներ

kifungo

կոճակ

glasi

ակնոց

bangili

ապարանջան

mkufu

վզնոց

pete

մատանի

herini

ականջօղ

kofia

գլխարկ

kiango cha koti

կախիչ

kofia

գլխարկ

tai

փողկապ

zipu

շղթա

kofia

սաղավարտ

kanda za suruali

տաբատակալ

sare za shule

դպրոցական համազգեստ

sare

համազգեստ

bibu

մանկական գոգնոց

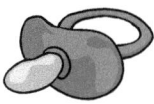

dummy

ծծակ

nepi

մանկական տակդիր

ofisi

գրասենյակ

seva
սերվեր
kabati la kuweka faili
գրասենյակային պահարան
kichapishaji
տպիչ
karatasi
թուղթ
kiwambo
մոնիտոր
dawati
գրասենյակ
kipanya
մկնիկ
folda
թղթապանակ
kibodi
ստեղնաշար
u cha kuweka karatasi chafu
kompyuta
համակարգիչ
kiti
աթոռ

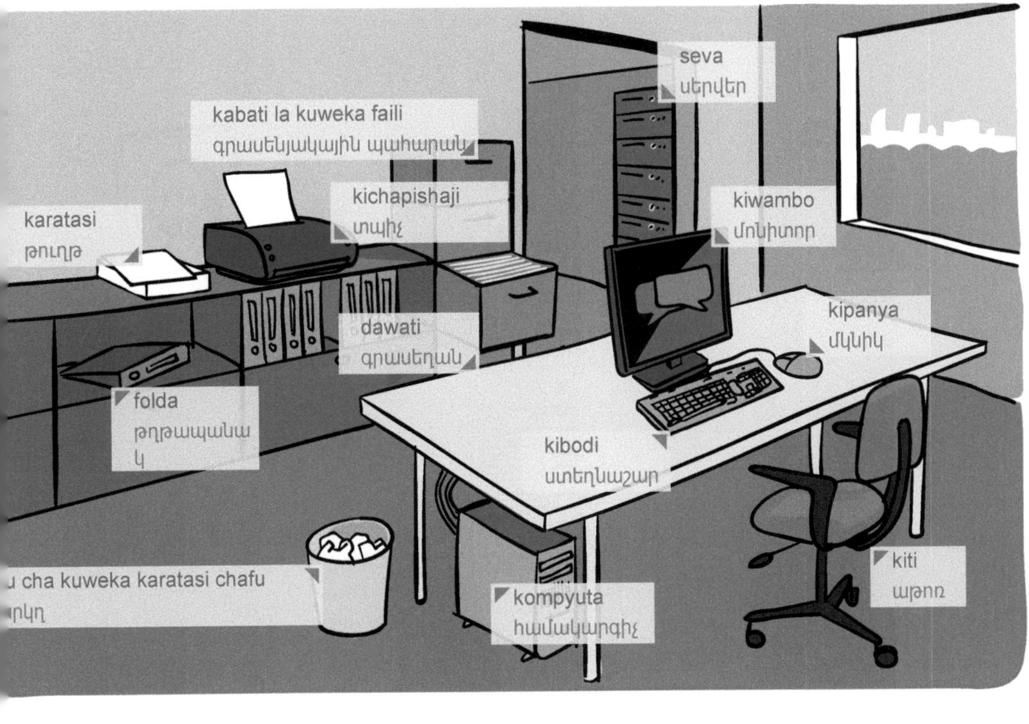

kmobe la kahawa

սուրճի գավաթ

kikokotoo

հաշվիչ

biashara

ինտերնետ

ofisi - գրասենյակ 49

mbali

laptop

barua

նամակ

ujumbe

հաղորդագրություն

rununu

բջջային հեռախոս

intaneti

ցանց

fotokopia

պատճենահանման սարք

programu

ծրագրային ապահովում

simu

հեռախոս

soketi

վարդակ

kipepesi

ֆաքսի մեքենա

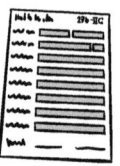

fomu

տեսակ

hati

փաստաթուղթ

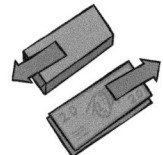

kununua

գնել

kulipa

վճարել

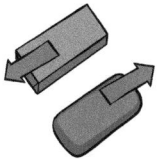

biashara

առեւտրի

fedha

փող

dola

դոլար

yuro

եվրո

yeni

իեն

rouble

ռուբլի

faranga ya Uswisi

շվեյցարական ֆրանկ

renminbi yuan

յուան

rupia

ռուպի

eneo la kulipia

բանկոմատ

ofisi ya ubadilishanaji

փոխանակման կետ

dhahabu

ոսկի

fedha

արծաթ

mafuta

նավթ

nishati

էներգիա

bei

գին

mkataba

պայմանագիր

kodi

հարկ

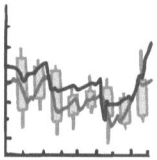

bidhaa

ակցիաներ

kazi

աշխատանք

mfanyakazi

ծառայող

mwajiri

գործատուն

kiwanda

գործարան

duka

խանութ

kazi
մասնագիտություն

afisa wa polisi
ոստիկան
mzimamoto
հրշեջ
mpishi
խոհարար
daktari
բժիշկ
rubani
օդաչու

mtunza bustani

....

այգեպան

seremala

....

ատաղձագործ

mshonaji

....

դերձակուհի

hakimu

....

դատավոր

mwanakemia

....

քիմիկոս

muigizaji

....

դերասան

dereva wa basi

ավտոբուսի վարորդ

dereva wa teksi

տաքսու վարորդ

mvuvi

ձկնորս

mwanamke wa kusafisha

հավաքարար

mwezekaji

տանիքագործ

mhudumu

մատուցող

mwindaji

որսորդ

mchoraji

նկարիչ

mwokaji

հացթուխ

umeme

էլեկտրատեխնիկ

mjenzi

շինարար

mhandisi

ինժեներ

mchinjaji

մսագործ

fundi bomba

ջրմուղագործ

mwanaposta

փոստարար

mwanajeshi

զինվոր

msanifu majengo

ճարտարապետ

keshia

գանձապահ

muuza maua

ծաղկավաճառ

msusi

վարսավիր

kondakta

տոմսավաճառ

mekanika

մեխանիկ

nahodha

կապիտան

daktari wa meno

ատամնաբույժ

mwanasayansi

գիտնական

rabbi

ռաբբի

imamu

Իմամ

mtawa

կուսակրոն

kasisi

հոգեւորական

գործիքներ

nyundo
մուրճ
koleo
տափակաբերան
աքցան
bisibisi
պտուտակահա
ն
spana
դարձակ
kurunzi
լապտեր

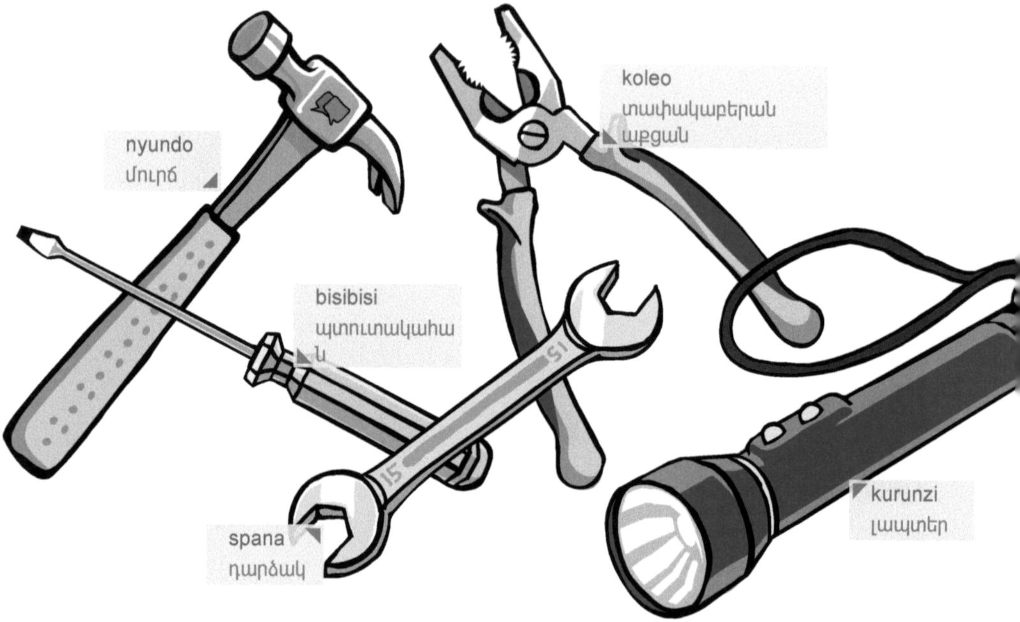

mchimbaji

էքսկավատոր

sanduku la vifaa

գործիքների տուփ

ngazi

սանդուղք

msumeno

սղոց

misumari

մեխեր

kuchimba visima

գայլիկոն

kukarabati

նորոգում

sepetu

բահ

Lo!

գրողը տանի

kishikio cha uchafu

գոգաթիակ

chungu cha rangi

ներկաման

skurubu

պտուտակներ

ala za muziki

երաժշտական գործիքներ

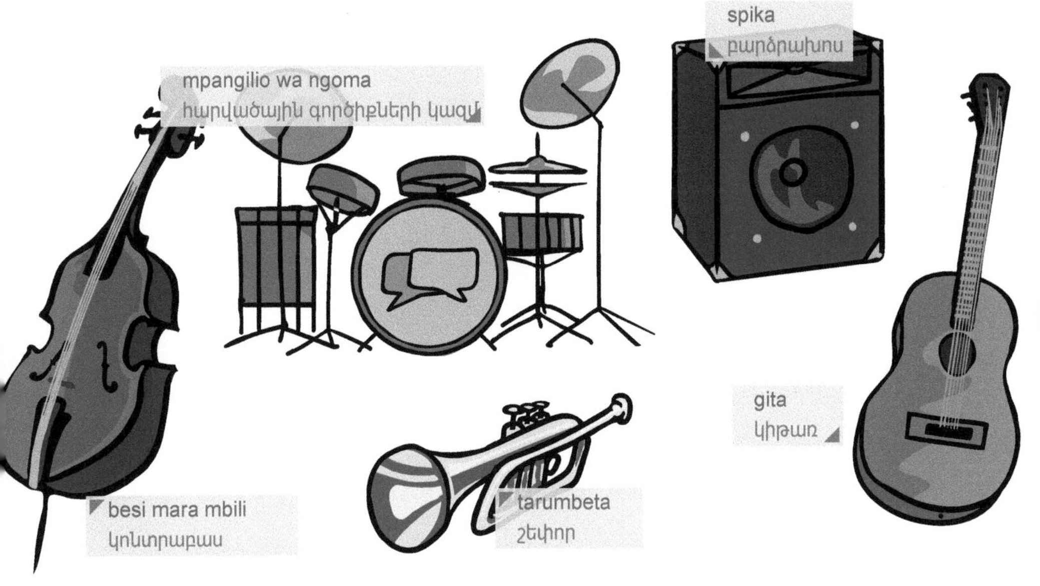

mpangilio wa ngoma
հարվածային գործիքների կազմ

spika
բարձրախոս

besi mara mbili
կոնտրաբաս

tarumbeta
շեփոր

gita
կիթառ

piano

դաշնամուր

fidla

ջութակ

ubeji

բաս

timpani

թմբուկներ

ngoma

հարվածային գործիքներ

kibodi

ստեղնաշար

saksafoni

սաքսոֆոն

filimbi

ֆլեյտա

maikrofoni

միկրոֆոն

bustani ya wanyama

կենդանաբանական այգի

lango la kuingia
մուտք
simbamarara
վագր
ngome
վանդակ
pundamilia
զեբր
chakula cha mifugo
կենդանիների կերակուր
panda
պանդա

wanyama

կենդանիներ

tembo

փիղ

kangaruu

կենգուրու

kifaru

ռնգեղջյուր

sokwe

գորիլա

dubu

գորշ արջ

ngamia

ուղտ

mbuni

ջայլամ

simba

առյուծ

tumbili

կապիկ

heroe

Ֆլամինգո

kasuku

թութակ

dubu

բևեռային արջ

penguini

պինգվին

papa

շնաձուկ

tausi

սիրամարգ

nyoka

օձ

mamba

կոկորդիլոս

mtunza wanyama

կենդանաբանական այգու
աշխատող

muhuri

փոկ

jaguar

յագուար

mwanafarasi

պոնի

chui

ընձառյուծ

kiboko

գետաձի

twiga

ընձուղտ

tai

արծիվ

nguruwe mwitu

վարազ

samaki

ձուկ

kobe

կրիա

sili

ծովացուլ

mbweha

աղվես

paa

վիթ

michezo
սպորտներ

soka ya marekani
ամերիկյան ֆուտբոլ
uendeshaji baiskeli
հեծանվավազք
tenisi
թենիս
mpira wa kikapu
բասկետբոլ
kuogelea
լող
magongo ya barafuni
հոկեյ
ndondi
բռնցքամարտ

soka
....
ֆուտբոլ

vinyoya
....
բադմինտոն

riadha
....
աթլետիկա

mpira wa mikono
....
ձեռքի գնդակ

skii
....
դահուկային սպորտ

polo
....
պոլո

shughuli
գործունեություն

kuruka
ցատկել
kumbatia
գրկել
cheka
ծիծաղել
kutembea
քայլել
kuimba
երգել
ota ndoto
երազել
kuomba
աղոթել
busu
համբուրել

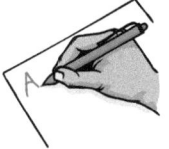

kuandika
գրել

kuteka
նկարել

angalia
ցույց տալ

sukuma
հրել

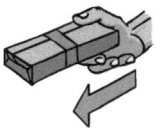

kutoa
տալ

kuchukua
վերցնել

kuwa

ունենալ

fanya

դեպի

kuwa

լինել

kusimama

կանգնել

kukimbia

վազել

vuta

քաշել

kutupa

նետել

kuanguka

ընկնել

hadaa

ստել

kusubiri

սպասել

kubeba

կրել

kukaa

նստել

vaa nguo

հագնվել

usingizi

քնել

kuamka

արթնանալ

kuangalia

նայել

lia

լացել

kiharusi

շոյել

chana nywele

սանրվել

ongea

խոսել

kuelewa

հասկանալ

kuuliza

հարցնել

kusikiliza

լսել

kunywa

խմել

kula

ուտել

nadhifisha

հարդարվել

upendo

սիրել

mpishi

խոհարար

gari

քշել

kuruka

թռչել

meli

լողալ

kokotoa

հաշվել

kusoma

կարդալ

kujifunza

սովորել

kazi

աշխատանք

kuoa

ամուսնանալ

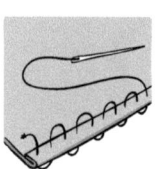

kushona

կարել

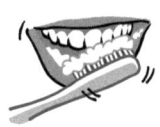

piga mswaki

ատամները լվանալ

kuua

սպանել

moshi

ծուխ

kutuma

ուղարկել

bibi
տատիկ

babu
պապիկ

baba
հայր

mama
մայր

mtoto
երեխա

binti
դուստր

bin
որդի

mgeni

հյուր

shangazi

հորաքույր

mjomba

հորեղբայր

kaka

եղբայր

dada

քույր

mwili

մարմին

paji la uso
ճակատ
jicho
աչք
uso
դեմք
kidevu
կզակ
kidole
մատ
mkono
ձեռք
matiti
կուրծք
mkono
թև
bega
ուս
mguu
ոտք

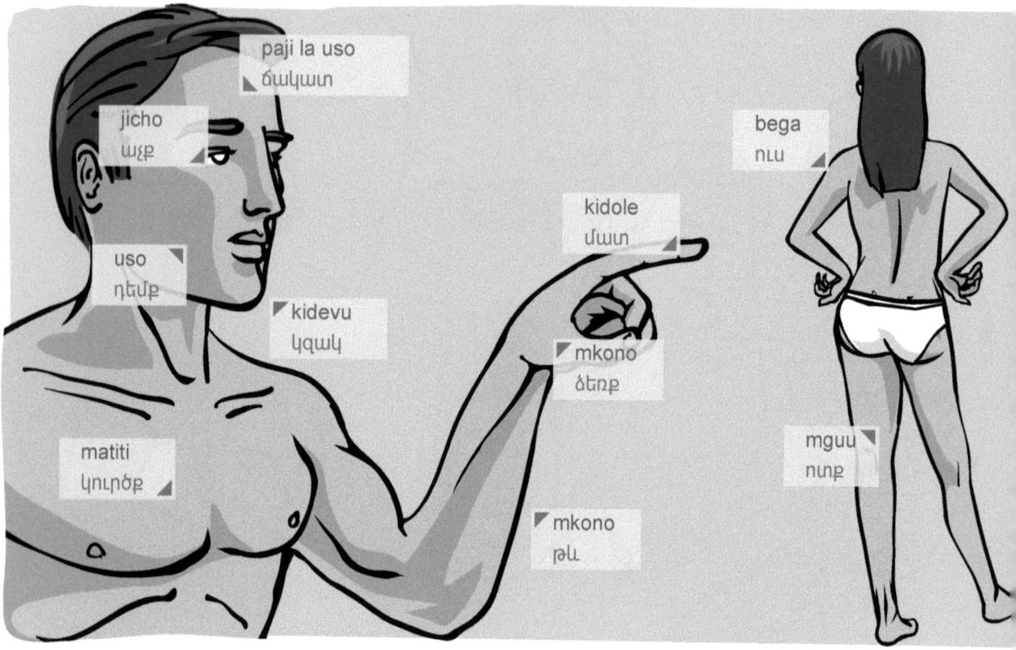

mtoto

երեխա

mwanamume

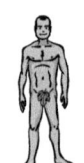

մարդ

mwanamke

կին

msichana

աղջիկ

mvulana

տղա

kichwa

գլուխ

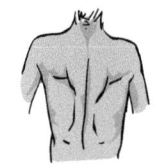

nyuma

մեջք

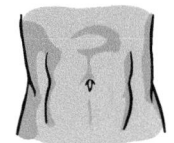

tumbo

փոր

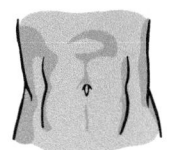

kitovu

պորտ

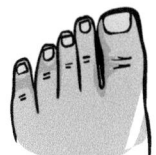

chano

ոտնամատ

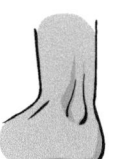

kisigino

կրունկ

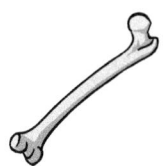

mfupa

ոսկոր

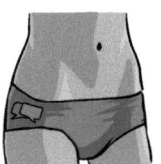

nyonga

ազդր

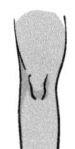

goti

ծունկ

kiwiko

արմունկ

pua

քիթ

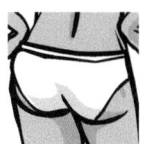

chini

հետույք

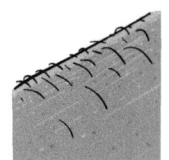

ngozi

մաշկ

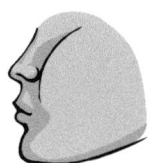

shavu

այտ

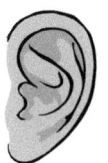

sikio

ականջ

mdomo

շրթունք

kinywa

բերան

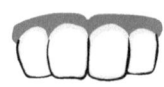

jino

ատամ

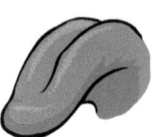

ulimi

լեզու

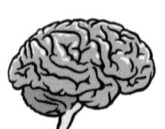

ubongo

ուղեղ

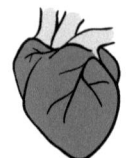

moyo

սիրտ

misuli

մկան

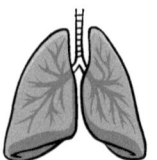

pafu

թոք

ini

լյարդ

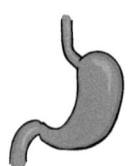

tumbo

ստամոքս

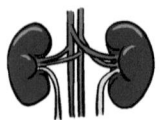

figo

երիկամներ

jinsia

սեքս

kondomu

պահպանակներ

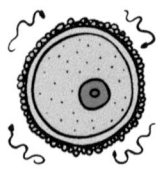

ovari

ձվաբջիջը

shahawa

Սեմյոն

mimba

հղիություն

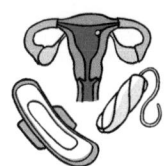

hedhi
....
դաշտան

uke
....
հեշտոց

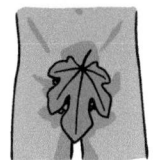

uume
....
առնանդամ

unyusi
....
հոնք

nywele
....
մազ

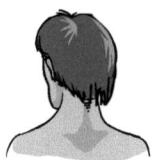

shingo
....
պարանոց

hospitali

հիվանդանոց

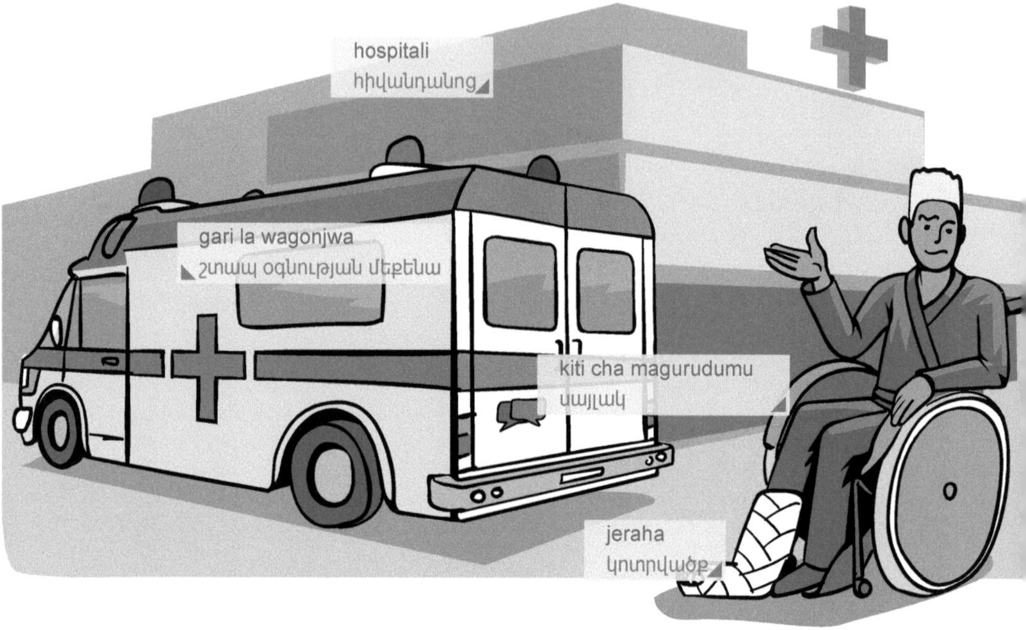

hospitali
հիվանդանոց
gari la wagonjwa
շտապ օգնության մեքենա
kiti cha magurudumu
սայլակ
jeraha
կոտրվածք

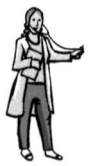

daktari

բժիշկ

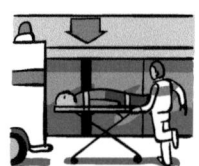

chumba cha dharura

շտապ օգնության սենյակ

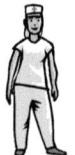

muuguzi

բուժքույր

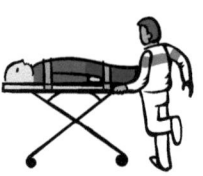

dharura

շտապ օգնություն

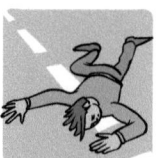

kupoteza fahamu

անգիտակից

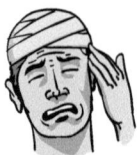

maumivu

ցավ

kuumia

վնասվածք

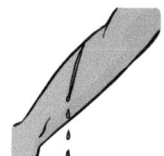

kutokwa na damu

արյունահոսություն

mshtuko wa moyo

սրտի կաթված

kiharusi

կաթված

mzio

ալերգիա

kikohozi

հազ

homa

տենդ

mafua

գրիպ

kuharisha

փորլուծություն

maumivu ya kichwa

գլխացավ

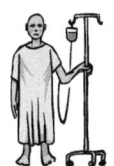

kansa

քաղցկեղ

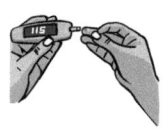

ugonjwa wa kisukari

դիաբետ

daktari mpasuaji

վիրաբույժ

kisu kidogo cha kupasulia

վիրադանակ

operesheni

վիրահատություն

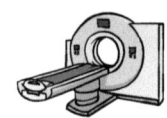

picha changanufu ya mwili

CT

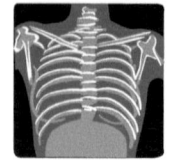

Eksrei

ռենտգեն

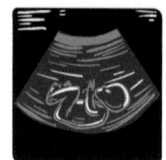

mawimbi sauti

ուլտրաձայնային

barakoa ya uso

դեմքի դիմակ

ugonjwa

հիվանդություն

chumba cha kusubiri

սպասասրահ

mkongojo

հենակ

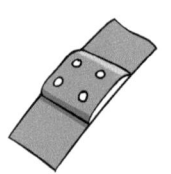

plasta

սպեղանի

bendeji

վիրակապ

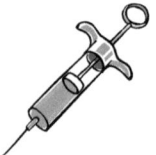

sindano

ներարկում

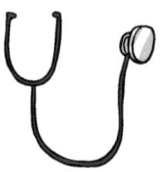

stetoskopu

լսափողակ

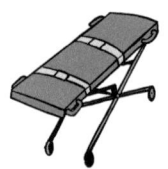

machela

պատգարակ

kipimajoto cha kliniki

ջերմաչափ

kuzaliwa

ծնունդ

unene kupita kiasi

ավելաքաշ

kusikia misaada

լսելով օգնության

kipukusi

ախտահանիչ

maambukizi

վարակ

virusi

վիրուս

VVU / UKIMWI

ՄԻԱՎ / ՁԻԱՀ

dawa

դեղորայք

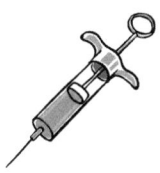

chanjo

պատվաստում

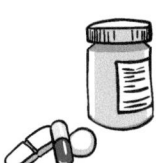

vidonge

հաբեր

kidonge

հաբ

simu ya dharura

ահազանգ

haemodainamometa

արյան ճնշման չափիչ սարք

mgonjwa / mwenye afya

հիվանդ / առողջ

dharura

շտապ օգնություն

Msaada!

Օգնություն!

kengele

տագնապի ազդանշան

pigo

հարձակում

shambulizi

հարձակում

hatari

վտանգ

lango la dharura

վթարային ելք

Moto!

Հրդեհ

kizima moto

կրակմարիչ

ajali

վթար

vifaa vya huduma ya kwanza

առաջին օգնության դեղարկղ

wito wa msaada

SOS

polisi

ոստիկանություն

Ulaya

Եվրոպա

Amerika ya Kaskazini

Հյուսիսային Ամերիկա

Amerika ya Kusini

Հարավային Ամերիկա

Afrika

Աֆրիկա

Asia

Ասիա

Australia

Ավստրալիա

Atlantiki

Ատլանտյան օվկիանոս

Pasifiki

Խաղաղ օվկիանոս

Bahari ya Hindi

Հնդկական օվկիանոս

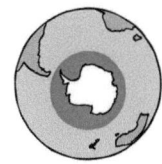

Bahari ya Antaktiki

Հարավային Սառուցյալ օվկիանոս

Bahari ya Aktiki

Հյուսիսային Սառուցյալ օվկիանոս

Ncha ya Kaskazini

հյուսիսային բևեռ

Ncha ya Kusini

հարավային բևեռ

Antaktika

Անտարկտիդա

dunia

երկիր

nchi

ցամաք

bahari

ծով

kisiwa

կղզի

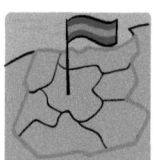

taifa

ազգ

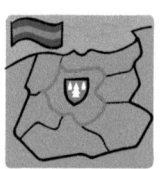

jimbo

պետական

78

saa
ժամացույց

uso wa saa

թվատախտակ

akrabu ya saa

ժամի սլաք

akrabu ya dakika

րոպեի սլաք

akrabu ya sekunde

վայրկյանի սլաք

Ni saa ngapi?

Ժամը քանիսն է?

siku

օր

wakati

այսպիսով

sasa

այժմ

saa ya dijitali

թվային ժամացույց

dakika

րոպե

saa

ժամ

wiki

շաբաթ

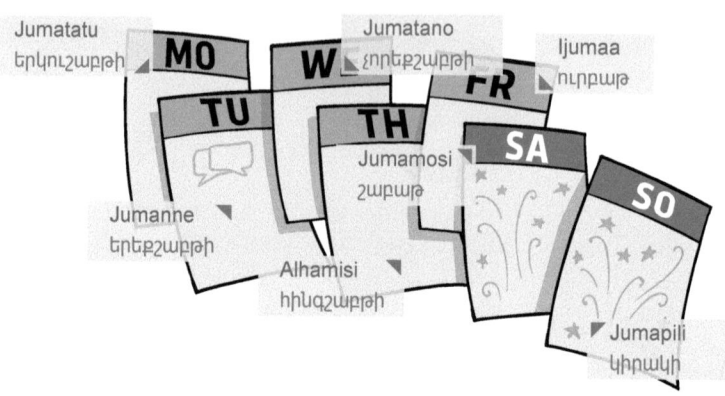

Jumatatu
երկուշաբթի — MO

W — չորեքշաբթի
Jumatano

Ijumaa
ուրբաթ

TU

TH

FR

Jumamosi
շաբաթ — SA

Jumanne
երեքշաբթի

SO

Alhamisi
հինգշաբթի

Jumapili
կիրակի

jana

այսօր

leo

այսօր

kesho

վաղը

asubuhi

առավոտ

saa sita mchana

կեսօր

jioni

երեկո

siku za biashara

աշխատանքային օրեր

mwishoni mwa wiki

շաբաթվա վերջ

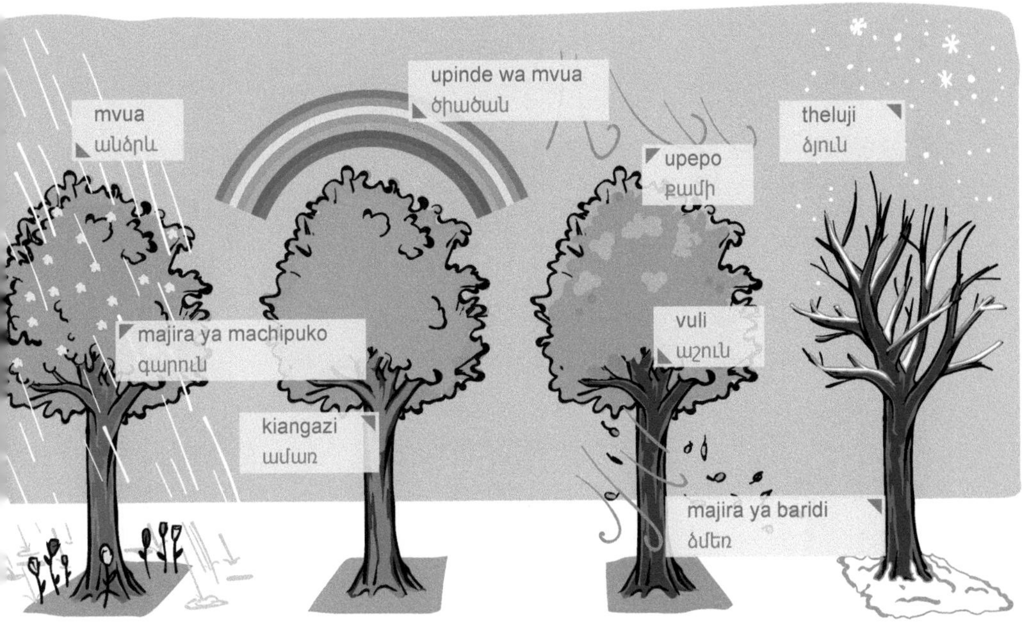

mvua
անձրև
upinde wa mvua
ծիածան
upepo
քամի
theluji
ձյուն
majira ya machipuko
գարուն
kiangazi
ամառ
vuli
աշուն
majira ya baridi
ձմեռ

utabiri wa hali ya hewa

եղանակի տեսություն

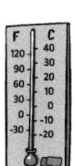

kipimajoto

ջերմաչափ

mwanga wa jua

արևի լույս

wingu

ամպ

ukungu

մառախուղ

unyevu

խոնավություն

umeme

կայծակ

radi

որոտ

dhoruba

փոթորիկ

mvua ya mawe

կարկուտ

monsuni

մուսոն

mafuriko

ջրհեղեղ

barafu

սառույց

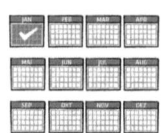

Januari

հունվար

Februari

փետրվար

Machi

մարտ

Aprili

ապրիլ

Mei

մայիս

Juni

հունիս

Julai

հուլիս

Agosti

օգոստոս

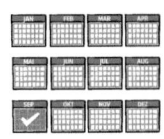

Septemba

սեպտեմբեր

Oktoba

հոկտեմբեր

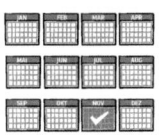

Novemba

նոյեմբեր

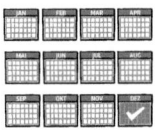

Desemba

դեկտեմբեր

maumbo
ձևավորում

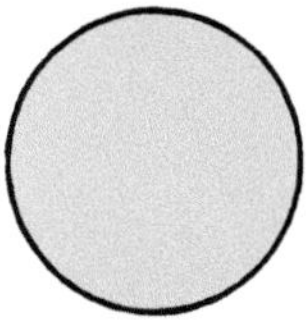

mduara

շրջան

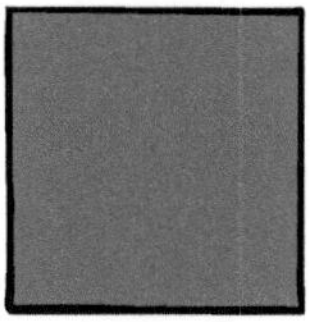

mraba

քառակուսի

mstatili

ուղղանկյունի

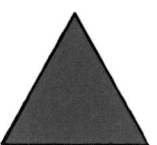

pembetatu

եռանկյունի

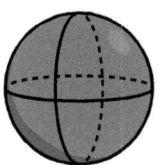

nyanja

ասպարեզ

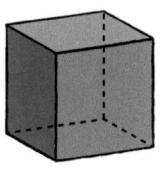

mchemraba

խորանարդ

rangi
գույներ

nyeupe

վարդագույն

manjano

մոխրագույն

chungwa

դեղին

rangi ya waridi

մանուշակագույն

nyekundu

կարմիր

hudhurungi

շագանակագույն

bluu

կապույտ

kijani

սև

hanja

նարնջագույն

jivujivu

սպիտակ

nyeusi

կանաչ

mengi / kidogo

շատ / քիչ

hasira / pole

բարկացած / հանգիստ

nzuri / mbaya

գեղեցիկ / տգեղ

mwanzo / mwisho

սկսած / վերջը

kubwa / ndogo

մեծ / փոքր

angavu / giza

պայծառ / մութ

kaka / dada

եղբայրը / քույրը

safi / chafu

մաքուր / կեղտոտ

kamilika / tokamilika

ամբողջական / թերի

siku / usiku

օր / գիշեր

wafu / hai

մեռած / կենդանի

pana / nyembamba

լայն / նեղ

kulika / kutolika

ուտելի / անուտելի

ovu / ema

չար / բարի

sisimkwa / udhika

հուզված / ձանձրացրել

nene / nyembamba

հաստ / բարակ

kwanza / mwisho

առաջին / վերջին

rafiki / adui

ընկերը / թշնամին

jaa / tupu

լիքը / դատարկ

ngumu / laini

կոշտ / փափուկ

nzito / nyepesi

ծանր / թեթև

njaa / kiu

քաղց / ծարավ

mgonjwa / mwenye afya

հիվանդ / առողջ

haramu / kisheria

անօրինական է / իրավաբանական

akili / kijinga

Խելացի / հիմարություն

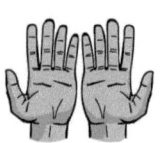

kushoto / kulia

ձախ / աջ

karibu / mbali

մոտիկ / հեռու

mpya / kutumika

Նոր / օգտագործվում

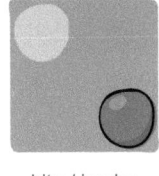

kitu / jambo

ոչինչ / ինչ - որ բան

zee / changa

ծեր / երիտասարդ

waka / zima

միացում անջատում

wazi / fungwa

բաց / փակ

utulivu / kelele

ցածր / բարձր

tajiri / masikini

հարուստ / աղքատ

sahihi / kosa

ճիշտ / սխալ

mbaya / laini

անհարթ / հարթ

huzunika / furahia

տխուր / ուրախ

fupi /ndefu

կարճ / երկար

polepole / haraka

դանդաղ / արագ

nyevu / kavu

թաց / չոր

joto / baridi

տաք / թույն

vita / amani

պատերազմ /
խաղաղությունը

nambari

թվեր

0	1	2
sufuri	moja	mbili
զրո	մեկ	երկու
3	4	5
tatu	nne	tano
երեք	չորս	հինգ
6	7	8
sita	saba	nane
վեց	յոթ	ութ
9	10	11
tisa	kumi	kumi na moja
ինը	տաս	տասնմեկ

12

kumi na mbili

տասներկու

13

kumi na tatu

տասներեք

14

kumi na nne

տասնչորս

15

kumi na tano

տասնհինգ

16

kumi na sita

տասնվեց

17

kumi na saba

տասնյոթ

18

kumi na nane

տասնութ

19

kumi na tisa

տասնինը

20

ishirini

քսան

100

mia

հարյուր

1.000

elfu

հազար

1.000.000

milioni

միլիոն

lugha
լեզուներ

Kiingereza

անգլերեն

Kiingereza cha Marekani

ամերիկյան անգլերեն

Kimandarini cha Uchina

չինարեն մանդարին

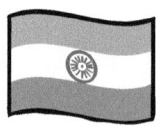

Kihindi

հինդի

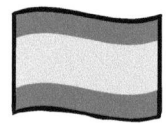

Kihispania

իսպաներեն

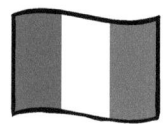

Kifaransa

ֆրանսերեն

Kiarabu

արաբերեն

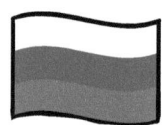

Kirusi

ռուսերեն

Kireno

պորտուգալերեն

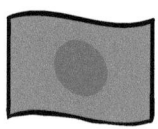

Kibengali

բենգալերեն

Kijerumani

գերմաներեն

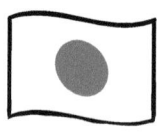

Kijapani

ճապոներեն

ambao / nini / jinsi

Ով է /, թե ինչ է /, ինչպես

mimi

ես

wewe

դուք

yeye / yeye / ni

Նա / նա /, որ դա

sisi

մենք

wewe

դուք

wao

նրանք

nani?

Ով է?

nini?

ինչ?

jinsi gani?

ինչպես?

wapi?

որտեղ.

lini?

երբ?

jina

անուն

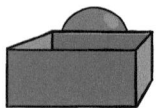

wapi
որտեղ

nyuma

ետևում

katika

մեջ

mbele ya

դիմաց

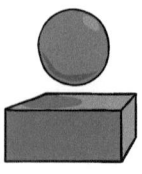

juu ya

վրա

kwenye

վրա

chini ya

տակ

kando

կողքին

kati

միջեւ

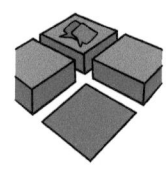

mahali

տեղ